Aldo Boetto

Soy # Beethoven

Colección
FLAUTA DE PAN
de iniciación a la música

 LECTORUM

DE COMO EL MUNDO EMPEZO A ENMUDECER PARA LUDWIG VAN BEETHOVEN

Un anochecer de enero de 1776, Ludwig caminaba sin prisa por el bosque, disfrutando del aire frío y del último resplandor del día. Tenía una mano en el bolsillo y, en la otra, una rama seca con la cual marcaba los compases de una melodía que hacía tiempo le rondaba en la cabeza. La rama también le servía para probar la profundidad de la nieve y para espantar una mosca que revoloteaba a su alrededor incesantemente.

–¡Por qué no me dejas tranquilo! –dijo de pronto–. Acaso, ¿yo te molesto? No… ¿No es cierto? ¡Entonces, podrías dejar de molestarme a mí! Creo que el mundo es bastante grande y hay lugar para los dos…

Pero la mosca, como es de suponer, no oía sus palabras y seguía zumbando. Cansado por el acoso del insecto, decidió regresar a su casa y se encerró en su cuarto. Había algo que lo atormentaba y no era la mosca. Tenía que escribir… escribir esa melodía que lo tenía atrapado. Después de encender una vela, se sentó frente a su escritorio, tomó la pluma y de golpe, recordó a su hermano Kart.

–Debería haber regresado de comprar la harina para el pan –pensó Ludwig algo preocupado porque ya era de noche.

Y trató de concentrarse otra vez
en la música. El pentagrama empezó
a llenarse de hermosas notas que
brotaban de su pluma
a una increíble
velocidad. Parecía
que por fin lo había
logrado cuando,
inesperadamente,
reapareció la mosca.
—¡No lo puedo creer!
Me has seguido
hasta aquí
adentro… pero
no te voy a dar el
gusto.

Ludwig se paró furioso y —como si fuera un cazador que aguarda a su presa— se agazapó detrás de un mueble. Respiraba silenciosamente y no movía ni un músculo; quería que la mosca entrara en confianza y se dejara ver para asestarle un golpe mortal. Estuvo así largos segundos hasta que oyó el zumbido.

—¡Ahora vas a ver!

Ludwig encendió con
rapidez todas las velas que
tenía disponibles, dispuesto
a atraparla. La habitación se
iluminó tanto, que por la ventana salió
una catarata de luz.

Kart, el menor de los hermanos, que venía
caminando tranquilamente con una bolsa al hombro, empezó a correr hacia su casa
creyendo que se había desatado un incendio.

Mientras tanto, Ludwig buscaba febrilmente al insecto, pero en vano, porque la mosca
no aparecía por ningún lado.

–Tal vez, es la más inteligente de todas las moscas. Una especie que terminará reinando
sobre la faz de la tierra…

La puerta del cuarto se abrió violentamente. Kart entró con un cubo de agua para apagar el incendio. Cuando vio a su hermano subido a la silla, con unas partituras enrolladas, dispuesto a dar un golpe en el aire, le pareció una estatua absurda. No se pudo contener y se sentó en el piso a reír.

–¿Estás escribiendo –dijo Kart entre lágrimas– la sinfonía de la estatua?

–No veo el motivo de tu risa… –respondió serio Ludwig–. Desde el bosque me siguió una mosca que no me deja tranquilo.

–¡Ahhh! Claro, una mosca, con este tiempo.

–¡No seas irónico! –dijo Ludwig bajando de la silla–. Si te digo que me siguió, es porque me siguió…

–¡Ahí está de nuevo! ¿La escuchas? Está por aquí… ¡la ves?

–Yo no veo nada… –contestó Kart.

–¡No puede ser! Tiene que estar revoloteando aquí. La escucho con toda claridad.

–Te recuerdo, hermanito mayor, que estamos en pleno invierno. Y en esta época no hay moscas.

–¡Esta es diferente! ¡Debe ser un tipo de mosca que sobrevive a las bajas temperaturas! –respondió Ludwig–. La naturaleza cambia constantemente. Los seres humanos creemos que sabemos de todo y resulta que sabemos muy poco.

–Eso es verdad. Pero yo en mis veinte años, nunca vi a las moscas jugar en la nieve –dijo Kart recogiendo el cubo con agua–. Y a ver si apagas las velas que las noches invernales son largas y las vamos a necesitar.

Esa noche Ludwig hizo caso omiso del zumbido y siguió escribiendo una melodía que le llenaba de alegría el alma.

Las siguientes semanas pasaron con la normalidad de siempre. Componía sin cesar, y tocaba su música en palacios, iglesias y fiestas de la aristocracia.

Hasta que una tarde, mientras tocaba en una reunión organizada por una duquesa, volvió a oír el zumbido. Pero no vio nada.

—Kart —exclamó en voz baja para que las espectadoras no lo oyeran—, ¿hay alguna mosca a mi alrededor?

—No —respondió su hermano.

—¡Estoy oyéndola! Mira bien.

—¡Te digo que no hay nada! —le respondió Kart al oído—. Y sabes muy bien que tengo vista de águila; puedo ver una hormiga a cincuenta metros.

Ludwig no creyó en la palabras de Kart porque seguía oyendo el zumbido, pero así y todo, tocó el concierto, tan desconcentrado que se dio cuenta de que había sido uno de los peores de su vida. A pesar de lo mal que había tocado, las espectadoras aplaudieron frenéticamente y no pararon de felicitarlo.

—Querido hermanito mayor —dijo Kart—, nunca te vi tan desconcentrado.

—Lo sé —respondió Ludwig—. Pero ya ves, a ellas les pareció una presentación magistral.

—Parece que se volvieron todas sordas —remató Kart al oído de su hermano.

—¿Qué dijiste? —preguntó Ludwig.

—¡Olvídalo! Vamos, no soporto a tantas cotorras hablando juntas.

Una vez en la calle, decidieron caminar un trecho para estirar las piernas.

–Y... ¿Sigue?

–No –respondió Ludwig sin mirar a su hermano.

–Avísame cuando lo vuelvas a oír. Tengo una idea.

Habían caminado un trecho, cuando Ludwig se detuvo.

–¡Ahí volvió! Fíjate bien.

–Déjame probar...

Kart le tapó los oídos con las manos.

–¿Todavía lo oyes? –Ludwig asintió.

–El zumbido está adentro de tu cabeza...Va a ser conveniente que te vea un médico.

–No creo que haga falta, ¡no debe ser para tanto!

–¿Recuerdas al viejo carpintero del valle? –preguntó Kart.

–¿El sordo?

–¡Ese mismo! En la taberna, me contó que antes de quedarse sordo, por momentos oía un zumbido como el que tú escuchas –Kart se frenó de golpe, miró la luna llena y preguntó con miedo–. ¿Será que te estás quedando sordo?

Al poco tiempo, Ludwig inició una maratón de visitas por diversos médicos. Y cada uno le dio –con pasmosa autoridad– su diagnóstico.

"Es algo pasajero. No le dé mayor importancia, que el tiempo lo cura todo", le dijo uno de barba blanca.

"Probablemente haya comido algo en mal estado y eso produce esos trastornos. Hágase una buena lavativa con hojas de menta y café", le recomendó otro más pelado que una bola de billar.

"Tal vez se le metió un insecto en la oreja. Debe tener paciencia y soportar hasta que se mude a otro lado", argumentó uno que también curaba a los caballos y animales del pueblo.

Hasta que un día, un médico barrigón y con cara colorada le dijo sin vueltas:

"Amigo, lamento decirle, usted tiene todos los síntomas que lo conducen a una irremediable sordera".

Al escuchar la palabra "sordera", Ludwig recordó de inmediato el momento en que su padre abrió con violencia la puerta de su cuarto y empezó a sacudirlo en medio de la noche para que se despertara.

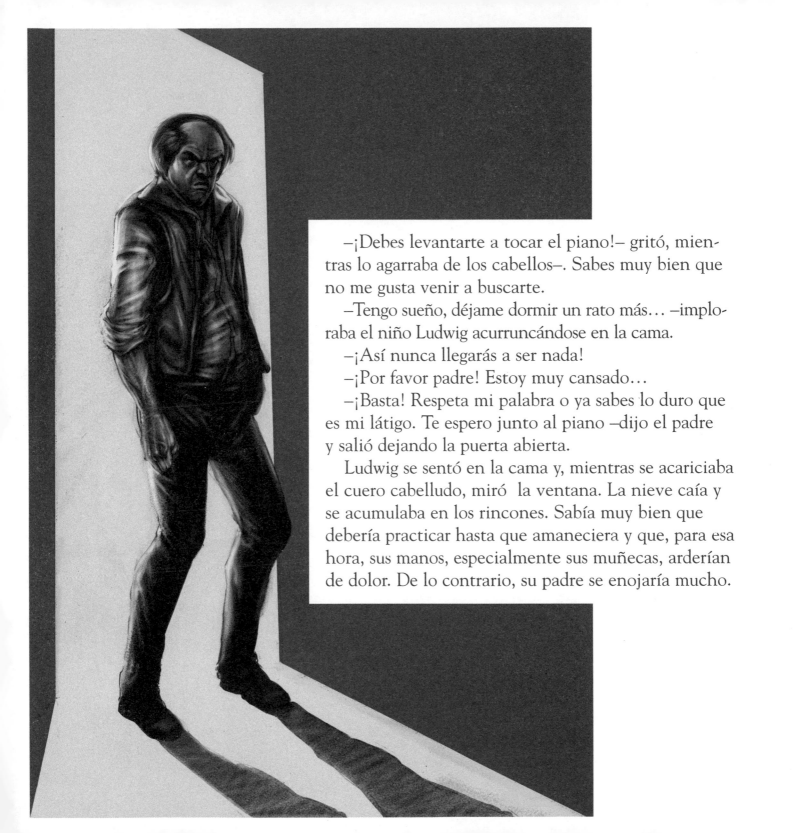

—¡Debes levantarte a tocar el piano!— gritó, mientras lo agarraba de los cabellos—. Sabes muy bien que no me gusta venir a buscarte.

—Tengo sueño, déjame dormir un rato más… —imploraba el niño Ludwig acurruncándose en la cama.

—¡Así nunca llegarás a ser nada!

—¡Por favor padre! Estoy muy cansado…

—¡Basta! Respeta mi palabra o ya sabes lo duro que es mi látigo. Te espero junto al piano —dijo el padre y salió dejando la puerta abierta.

Ludwig se sentó en la cama y, mientras se acariciaba el cuero cabelludo, miró la ventana. La nieve caía y se acumulaba en los rincones. Sabía muy bien que debería practicar hasta que amaneciera y que, para esa hora, sus manos, especialmente sus muñecas, arderían de dolor. De lo contrario, su padre se enojaría mucho.

Ese tiempo de sufrimiento (siguió recordando Ludwing), sólo sería interrumpido por un viaje a Viena, pagado por un mecenas, un hombre noble y acauladado.

–¿Te gusta esta ciudad? –preguntó Maximiliano.

–¡Mucho! –contestó el joven Ludwig sin dejar de mirar los edificios de esa calle por la que caminaban.

–¡Hazla tuya! –le dijo el hombre.

–¿Y cómo se hace eso? –preguntó entusiasmado Ludwig.

–Con tu música, Ludwig, con tu música. ¡No hay otra manera! –le respondió con energía Maximiliano.

–Es fácil decirlo, y pensarlo… pero hacerlo…

–Tú tienes el talento para lograrlo. Por eso te pago todo. Y no te olvides de quién vive aquí…

–Sí, lo sé, Mozart… –se le escuchó decir a Ludwig con voz bajita.

–Verás que algún día lo conocerás, ¡te doy mi palabra de que así será! –aseguró Maximiliano dándole una palmada en el hombro al joven músico.

La muerte de su madre lo obligó a regresar a Bonn. El panorama que encontró le causó un gran dolor.

Su padre, tambaleante por el alcohol, con una botella en la mano, lo llevó a la tumba que todavía olía a tierra fresca.

–Si no hubieras viajado a Viena, tal vez tu madre no habría muerto… Estaba tan triste. ¡Tu ausencia la terminó de matar!

Ludwig estaba recordando esas terribles palabras cuando el médico le puso una mano en el hombro para que lo mirara.

–Empezaremos un tratamiento inmeditamente.

–Como usted diga… –respondió resignado Ludwig.

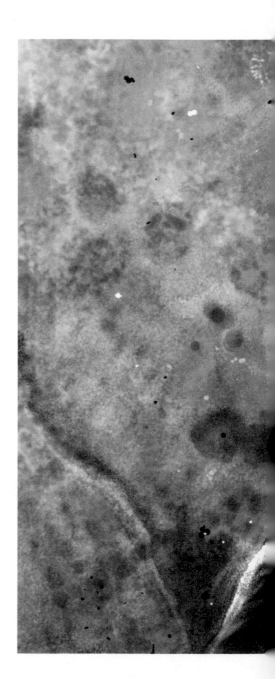

Cada día que pasaba era mayor el esfuerzo que hacía para escuchar.

Cuando los pájaros cantaban, sólo movían el pico.

Cuando el agua corría golpeando las piedras, era agua sin vida.

Cuando la gente hablaba, reía y cantaba, era un mundo mudo.

Cuando cerraba los ojos, el silencio era total.

–¡Nadie! Nadie debe saber que estoy sordo– le dijo a su hermano.

–No hace falta que grites –retrucó Kart.

–No grito, Kart. Te hablo normalmente –contestó gritando Ludwig–. Si se llegan a enterar de que estoy medio sordo, no me contratarán para ningún concierto.

–¿Medio sordo? –preguntó irónicamente Kart.

–Ya te dije que no hables entre dientes… –dijo Ludwig y se rascó la cabeza mirando para otro lado–. Me pregunto, ¿Cómo vamos a comer?

–¡Tengo dos brazos fuertes y puedo trabajar!

–¡Contéstame! No te quedes callado –volvió a gritar Ludwig.

–¡Ludwig! –gritó Kart agarrándolo de la cara–. Desde hoy, tienes que mirar los labios de las personas para darte cuenta de quién te habla y qué te dicen.

Ludwig bajó la mirada y se abrazó muy fuerte a su hermano. Sentía un nudo en la garganta. Las ganas de llorar le trajeron el recuerdo de la muerte de su madre.

Kart, también emocionado, le dijo en voz baja.

–Yo te voy a ayudar… Siempre. Quédate tranquilo, nadie lo va a saber.

A espaldas de los Beethoven, apareció una hermosa mujer que, al ver la escena, se quedó en silencio. Cuando los hermanos se dieron vuelta dejaron de abrazarse. Ella se animó a preguntar.

–Estoy buscando a Beethoven, ¿ustedes lo conocen?

–Soy Beethoven… –respondió Ludwig.

–Te recuerdo hermanito que también soy Beethoven –dijo risueño y en voz alta Kart.

–Busco al músico…

–¡Soy yo! –respondió Ludwig leyendo los labios de la mujer.

–¿En qué la puedo ayudar?

–Soy la viuda del Mariscal Roovere de la Torre, y estoy buscando un maestro de música. Quiero aprender… pero, las clases tendrían que ser en mi castillo que queda cerca de la montaña.

–Ha dado con la persona indicada…

–¿No deberías pensarlo, Ludwig? –dijo Kart–. Recuerda que tienes ese problemita de salud…

Kart no había terminado de hablar, cuando Ludwig le aplicó un codazo en las costillas sin que la dama se diera cuenta.

–¿No se siente bien señor Beethoven? –preguntó la mujer amigablemente.

–¡Estoy perfectamente! –respondió Ludwig–. Sólo fue algo pasajero. La invito a que pasemos a nuestro hogar para conversar mejor.

Ludwig miró a su hermano, le guiñó un ojo y luego le preguntó:

–Kart, ¿serías tan amable de acercarnos dos tazas de té?

Kart asintió y dejó que su hermano y la mujer entraran a la casa. Recién en ese momento se tocó el estómago y murmuró:

–Esto no quedará así, hermanito mayor… En cuanto la viuda se vaya te daré un codazo que te hará recuperar el oído. Podrás escuchar hasta el suspiro de una hormiga. ¡Y no cualquiera puede escuchar eso!

Y entonces Kart salió corriendo hacia la cocina a preparar el té.

EN 1972 EL CONSEJO DE EUROPA ELIGIO LA ODA A LA ALEGRIA COMO HIMNO EUROPEO,
BASADA EN UN POEMA DE FRIEDRICH V. SCHILLER Y ADAPTADO
POR LUDWIG VAN BEETHOVEN.

Alegría, hermosa centella divina.
Hija del Elíseo,
ebrios de fuego ingresamos
en tu templo.
Tus hechizos vuelven a unir
lo que con rigor se había separado.
Todos los hombres se vuelven hermanos,
allí donde tu ala dulce se posa.
Quien haya tenido la fortuna
de ser amigo de un amigo;
quien haya conquistado una mujer amable,
que una su júbilo con el nuestro. ¡Si!
Todos las criaturas beben la alegría
del seno de la naturaleza.
Todos los buenos, todos los malos,
siguen una senda del huerto de rosas.

La alegría nos dio besos y linajes,
y un amigo fiel hasta la muerte.
Al gusano le dio la voluptuosidad
y el querubín se presenta delante de Dios.
Sus soles vuelan felices
a través de los espléndidos cielos.
Corred, hermanos, en vuestro camino,
alegres como el héroe hacia la victoria.
¡Abrazaos, millones de criaturas!
¡En un gran beso para el mundo entero!
Hermanos, sobre la bóveda de estrellas
tiene que habitar un padre amante.
¿Presientes tú, oh mundo, a tu Creador?
Búscalo más arriba de la bóveda de las estrellas.
¡Sobre las estrellas tiene Él que habitar!

Mas sobre Beethoven

Ludwig Van Beethoven nació en Alemania, en la ciudad de Bonn, el 16 de diciembre de 1770.

Su padre era tenor, pero llevaba una vida de bohemia y su alcoholismo lo llevó a ser muy duro con sus hijos. Ludwig tuvo dos hermanos más: Kart Kaspar y Nikolaus Johann.

Su infancia no fue feliz, vivía enfermo y triste. La rudeza de su padre hería su gran sensibilidad. A pesar de las duras condiciones que rodeaban su vida, Beethoven a los ocho años ya se destacaba como músico. Da su primer concierto en Colonia y hace una gira por Holanda. Su maestro era Christian Nelfe, quien le da a conocer las obras de Handel y Bach. Pronto se convierte en un gran intérprete de piano, órgano y viola.

En 1787 viaja a Viena y se cree que tocó para Mozart, que en ese momento, era el músico más admirado de Europa.

Pero el contacto con el mundo artístico dura poco. Tras la muerte de su madre, debe regresar a Bonn y se hace cargo de la familia, ya que su padre estaba completamente entregado al alcohol.

En 1792, un año después de la muerte de Mozart y fallecido ya su padre, regresa a Viena y encuentra a sus grandes maestros: Haydn, Salieri y Albrechtsberger.

Aunque toca algunos conciertos, prefiere centrarse en la composición. Para esa época ya es famoso, especialmente por sus 3ra y 5ta sinfonías.

Pero la vida lo pone ante duras pruebas. En 1796 comienza a quedarse sordo y seis años después, su sordera es completa.

A pesar de todo, sigue componiendo, con tanta genialidad que hoy en día sus composiciones siguen siendo consideradas obras magistrales y no hay que ser un experto en música para conocer y tararear melodías tan universales como *Para Elisa* o la *Oda a la alegría*, el 5to. Movimiento de la *Novena Sinfonía*, escrito sobre un poema de Schiller, que estrena en 1824.

Para esa época está totalmente sordo, y el día del estreno dirige la orquesta oyendo cada nota, cada instrumento dentro de su mente. Así era el genio magistral de Beethoven.

Muere el 26 de marzo de 1827, en Viena, a los cincuenta y siete años, dejando a la humanidad el legado inmortal de su música.

El Romanticismo:

 Beethoven inaugura el Romanticismo dentro de la música.

Este movimiento fue muy importante porque marcó una ruptura con las formas musicales del pasado que eran muy rígidas. El Romanticismo dio más importancia al sentimiento que a la razón. Durante este periodo se revalorizó la música popular refinándola y comenzaron las grandes narraciones, como la ópera y los poemas sinfónicos.

También surge en los músicos un deseo de independencia, (hasta ese momento vivían al servicio de un noble o de la Iglesia).

A partir de Beethoven, los músicos serán artistas independientes que componen con libertad y no aceptan la servidumbre que se imponía en épocas anteriores.

Este movimiento abarca casi todo el siglo XIX y sus artistas más destacados, además de Beethoven son Schubert, Verdi, Wagner y Chopin, entre otros.

Obras de Beethoven:

Compone para orquesta:

9 sinfonías, 5 conciertos para piano y orquesta, 1 para violín y orquesta, 1 para piano, violín, violonchelo y orquesta, 7 oberturas y música de ballet y danzas.

Para piano:

32 sonatas, 27 series de variaciones, 2 sonatinas, bagatelas y obras para cuatro manos.

Para canto:

series de "Liedes", "Misa solemne", "Cristo en el Monte de los Olivos", "Misa en do mayor" y algunas cantatas.

Para música de cámara:

tríos, cuartetos, quintetos y sonatas para violín y piano, 2 sonatas para violonchelo y piano, sexteto, serenatas, septimino, octeto, danzas y variaciones.

Para música para teatro:

"Fidelio", "Egmont", "Opferlied" y "Las ruinas de Atenas".

Oda a la Alegría

Sinfonía Nro.9 en Re menor, 4to mvt.

Ludwing van BEETHOVEN

Allegro assai

flauta

A LOS PADRES Y MAESTROS:

La flauta dulce es un instrumento con sus limitaciones a nivel de gran ejecución, pero de inestimable valor para incentivar en los niños el amor a la música y el deseo de ejecutarla ellos mismos. La versión aquí incluida es una trascripción para ese instrumento, fiel en todo lo posible y a la vez adaptada a las posibilidades del pequeño principiante.

En nuestra página web oficial, www.lectorum.com.mx, podrán hallar las siguientes pistas musicales en formato mp3, para facilitar la tarea sobre la partitura:

1. La ejecución del fragmento por un músico profesional, en flauta dulce, con fondo de piano y con el tempo y el nivel de complejidad aptos para el pequeno ejecutante.

2. La ejecución del mismo tema sólo en piano, para acompañar, a la manera de un "karaoke", la ejecución en flauta por parte del aprendiz.

3. Una versión simplificada de cómo sonaría el tema en una orquesta de cuerdas, para acostumbrar el oído del niño a una ejecución clásica.

Este material sonoro podrá ser bajado sin cargo, y es un aporte de Lectorum a la tarea de padres y docentes, y a la divulgación de la buena música.

Gracias.
El editor.

Edición
    ALDO BOETTO Y JULIO ACOSTA
Ilustraciones
    JOSE OLMOS
Diseño de tapa e interior
    NATALIA MARANO
Corrección
    MARTA BALDONI

Soy Beethoven
© Aldo Boetto, 2007

 **LECTORUM**

D.R. © Editorial Lectorum, S.A. de C.V., 2007
Centeno 79-A, Col. Granjas Esmeralda
C.P. 09810, México, D.F.
Tel.: 55 81 32 02
www.lectorum.com.mx

    L.D. Books
    8313 NW 68 Street
    Miami, Florida, 33166
    Tel. (305) 406 22 92 / 93
    idbooks@bellsouth.net

Primera edición: abril de 2007
ISBN 10: 970-732-211-X
ISBN 13: 978-970-732-211-0

Impreso y encuadernado en México
Printed and bound in Mexico

Soy Beethoven, de Aldo Boetto, fue impreso en
abril de 2007, en Gráficas Monte Albán,
Fracc. Agro Industrial La Cruz El Marqués,
Querétaro México